AF279666

Ste Maxime

Michael Ockert

Gedichte

für Sophie

Inhalt

Ste Maxime

Kälte

Pinien, Zedern und Zypressen
und ich träume mich
in das Meer hinein.

Meine Schritte zerrinnen im Verharren,
sie ertasten den Sand
wo er nass und fest ist, von Schaum umspült.

Der Badeanzug labbert an meinem Körper,
ich hasse es zu wachsen,
es kann nicht mehr lang gehen.

Ich versuche,
mich aus dem zu reißen,
was sich wie Schlaf anfühlt,
Schlaf in hellstem Sonnenlicht,
ein so tiefer Schlaf,
der nicht enden will,
meine Augen schauen die Leere,
selbst leer aus einem tiefen Inneren,
die Leere, die mich umfängt.

Ich prüfe die Taucherbrille in der Hand,
ihre Innenseite schaut mich an,
ich verreibe Salzwasser darin,
einen Film Salzwasser vermischt mit Spucke,
er ist ohne Bedeutung.

Ich spüre die Kälte des Wassers nicht,
es umspielt meine Fesseln,
ich stakse hinein, egal wie tief,
und wenn es mich ganz erfasst
und behält.

Die Familie tollt am Strand,
meine Familie,
ich wende mich um zu ihr,
ein Seitenblick,
der nicht enden will,
ich kann meine Augen nicht von ihr wenden.

Es stört mich nicht,
den Sand abzukriegen,
den die Jungs auf sich schmeißen,
unter ihren hektischen Tritten
erzittert der Boden,
gewölbte Muskeln,
angespannte Sehnen,
Wasser spritzt auf,

ihre kräftigen Kiefer lachen hämisch,
wenn sie sich treffen, es ist nur ein Spiel.

Ein einziger Sprung mit Anlauf,
die Schwester zerreißt die Wasseroberfläche,
eine geballte Körperkugel,
bevor das Wasser sie umspült,
um im selben Moment hervorzuspringen,
kerzengerade,
sie federt nach darin,
ein endloses Federn, so scheint es.

Die abperlenden Tropfen elektrisieren sie,
das Bündel zum Zerreißen gespannt,
das Gesicht strahlt aus seinem tiefstem Innern,
und gleichzeitig ist es verzerrt,
für einen Augenblick tanzt sie,
das Meer umschmeichelt ihre Waden,
wie ich sie beneide.

Ich weiß, es erreicht mich nicht
und wird mich nicht erreichen,
ist der Schreck gespielt oder echt,
meine Blicke zerstreuen sich
über das Rauh der Meeresfläche
die sich dunkelblau ins Endlose verliert,
gäbe es doch Halt darin!

Yachten

Sie verneinen das Mögliche
und klammern sich an die Materie,
immer nur eine Spielart des Veränderlichen.

Ihre silbernen und weißen Oberflächen
schaukeln auf sonnendurchflutetem Meer,
dazu bestimmt, seine Haut zu durchtrennen.

Sie verhöhnen es
durch ihre geraden und gebogenen Linien,
Geometrie gezogen mit dem Millimetermaß,
ein ausgestreckter Körper auf ihnen
mutet an wie eine Beleidigung.

Verkehrter nur ist ihre Bestimmung,
alles von sich abzustoßen,
selbst sich von sich selbst,
glänzende Flächen,
an denen jeder Tropfen abperlt.

Die Haut geschliffenen Metalls
ist das Ziel heißen Begehrens,
das mit seinem Objekt verschmilzt,

Verlangen derer,
die von ihm Besitz ergreifen.

Ihre Reichtümer verfliegen abstrakt
und schlummern in den Wolken,
jeden Wunsch können sie sich daraus pflücken,
doch Wünsche sind nicht erwünscht.

Wohin mit all den Schätzen,
die nur eine Last sind,
Negation alles Natürlichen und Gewachsenen,
sie sind verfügbar,
um verschmäht zu werden.

Yachten dümpeln in der Bucht,
als ob es einen Unterschied gäbe
zu den Häfen,
sie werden immer ausgeliefert sein
den Gewalten von Sturm und Wind.

Sie suchen den Schorf der Felsen,
den Gleim der Quallen,
das Huschen der Fische,
sonnengetränktes Türkis
windet sich unter dem Rumpf,
irritierend,
ihr einziges Sehnen.

Anflug

Nur der eine Augenblick entscheidet,
sie hier zuzulassen oder abzuweisen,
und sollte da ein Zögern gewesen sein
wäre es nie nach außen gedrungen,
so bewältigt man die unmögliche Situation.

Alles an ihnen ist sittenwidrig,
das Eintreten durch die Nebentür am Strand,
die vollgestopften Rucksäcke,
Sonnenhüte und karierte Badematte
und der Sonnenschirm,
über die Schulter gehängt.

Sie wirken nicht so zerlumpt,
als könnten sie die Gäste verschrecken,
das kleine zusätzliche Geschäft
wird nicht ins Gewicht fallen
und ist nicht Grund für die Entscheidung.

Es kristallisiert sich
im Brennglas der unmittelbaren Begegnung
und erlaubt keinerlei Regung,

weder nach außen,
erst recht nicht nach innen.

Es soll nicht einmal den Anschein
von Großzügigkeit erwecken,
sie ist nur Teil einer umfassenderen Geste,
die im selben Moment vergeht,
in dem sie entsteht.

Jede weitere Aufmerksamkeit
würde sie zerstören,
ein kurzes Nicken,
der ausgestreckte Arm in den Raum,
der den Privilegierten vorbehalten ist.

Ein großes Vergnügen für sie,
hier einzudringen, gepaart mit Scheu,
es könnte jederzeit kippen,
denn wenn ich mir sie so anschaue,
gehören sie nicht hierher, definitiv.

Es kippt nicht
und das ist das zweite Wunder,
der Kellner hat sein Vergnügen daran,
die Abwechslung und das Komplizenhafte,
einmal nicht unterwürfig sein zu müssen.

Er serviert charmant
und lässt sich nichts anmerken,
die Serviette über den Unterarm gelegt,
die Arroganz der Macht lauert im Rücken,
er hat sich daran gewöhnt.

Linguine mit Muscheln,
Tintenfisch mit Ratatouille,
ein Glas Weißwein
und Rum Baba mit Espresso,
sie finden es köstlich.

Nur ein Wimpernschlag hat entschieden,
ein verscheuchtes Lächeln beim Abschied,
die Macht der Intuition
war stärker als die Situation.

Abend

Meine Felsoberfläche
liegt im prallen Sonnenlicht
und erhebt sich aus dem Wasser
wie der Rücken eines Elefanten,
heller gelber Ocker,
rot gemasert,
voller Schrunden.

Sie tollen auf mir herum,
zappelnd und johlend,
ihre junge Kraft perlt von mir ab,
das lichtvolle Wasser
umfängt ihre Bewegungen,
es schmiegt sich an und stößt sie ab.

Die Sonne senkt sich hinter die Berggrate
und taucht die Umgebung in ihre Schatten,
sie vertreiben die ausgelassenen Körper,
die ersten Boten des Dämmerlichts
umfangen meine Umrisse,
die darin durchlässig werden,
zaghaft sickert der Abend in mich ein.

Aus den schwindenden Helligkeiten
keimen die Schritte später Gäste auf, tastend,
nur ihre Worte klingen noch tastender,
ihre Füße setzen vorsichtig auf,
sie suchen wie die Fühler von Ameisen.

Ihre alte Haut
rieselt in mich ein,
das tiefblaue Wasser empfängt sie,
ihre lang gehegte Sehnsucht
nach beseelender Frische.

Die Luft füllt sich
mit dem Anklingen der Nacht,
sie träufelt in uns ein,
die Ahnung vom schwebenden Tuch des Taus.

Selbstvergewisserung

Er ist müde geworden
vom vielen Sprechen, natürlich,
er könnte jederzeit sein volles Potential...

Das Reden in die Leere hinein
darf nie enden,
auch wenn es nicht verfängt.

Die Autokarosserie hinter ihm,
das Sonnensegel, das sie überspannt,
was ihn am Leben erhält,
ein paar Flaschen Poliermilch
aufgereiht auf dem Kühler.

Niemand hier will Poliermilch kaufen,
die Karawane der Frauen
zieht zwischen den Kleiderständen hindurch,
Frauen ohne Alter,
runzelige gebräunte Haut,
Hängerkleider, die sich im Licht verschieben,
das Strahlen der Sonne
gießt sich über die Schutzschirme.

Ihre Begleiter trotten wie dumpf nebenher,
sie interessieren sich nicht für Kleider,
verlorene Anhängsel,
unentschlossen in ihrer Beliebigkeit.

Seine Stimme ist heiser geworden
vom Vormittag,
er ist ein geübter Redner,
er macht nichts anderes tagein tagaus,
er passt die Lautstärke seiner Rede
an den Zustand der Stimmbänder an,
kurz vor dem Ruin,
stundenlang haben sie ihren Dienst getan,
auch wenn er jetzt gedämpft spricht,
dringen sie durch,
ein schon mineralisches Durchschwingen
der Luft.

Der Mittag zieht auf,
die Sonne klettert höher
und benebelt die Glieder,
die Gänge der Marktstände veröden,
das Quantum ist nicht erreicht,
die Monotonie in der Stimme
ist der größte Feind.

Sie will kippen
und rappelt sich jedes Mal wieder auf,
pure Professionalität,
der Redefluss schleppt sich dahin
kurz vor dem Kollaps
und schwingt doch leicht wie ein Schmetterling,
nur eine Weile noch,
nur niemals aufhören,
die Poliermilch.

Sein stumpfer Blick fällt ins Unendliche,
wenn endlich jemand reagierte,
wie könnte er triumphieren,
all seine Routine ausspielen
mit virtuoser Zungenfertigkeit.

Ein verlorenes Männlein
im Schlepptau seiner Angetrauten,
schon halb in sich zusammengefallen,
ausgesetzt seiner Bestimmungslosigkeit,
wagt eine Ablenkung,
der süffisante Kommentar zum Verkäufer hin,
dessen Stimme unmittelbar anspringt
und an Geschmeidigkeit gewinnt,
seine Worte verhaken sich
in die Bemerkung des kleinen Mannes,
sie umspielen sie geistreich,

bevor der Passant in sich zusammenzuckt
und mit eingezogenem Nacken weiterzieht.

Der Singsang der Poliermilchstimme
darf nicht abebben,
aus kleinen Enttäuschungen
schwingt er sich aus dem Wellental auf
zu zarten Luftwirbeln,
er vergewissert sich
und träumt sich in sich selbst hinein,
sein Geist wird verfangen, gewiss,
vielleicht, vielleicht,
bevor der Vormittag
in sein sonniges Nichts verfliegt.

Rückkehr

Wie alles zurückkehrt auf dem Rückweg,
nur spiegelverkehrt,
was im Voranschreiten zurückgelassen wird,
kehrt wieder in neuem Gewand,
was auf dem Hinweg überraschend wartet,
grüßt schnöde nach der Umkehr
als bekanntes und verrücktes Bild.

Wie rein und unentdeckt empfangen sie uns,
der Strandstreifen grobkörnigen Sandes,
vom Meeressaum umplätschert,
das Wippen der Pinienpilzdächer
in dunkelgrünen Umrissenheiten,
die Silhouetten der Kormorane,
die sich auf den Felsspitzen im Meer
beregnen lassen,
schlicht und bezaubernd zugleich,
denn jeden Fuß breit
erschließt sich eine unbekannte Welt,
die sich selbst von Alters her vertraut war
und schon immer in sich ruhte.

Das alles ist neu und frisch
und erstreckt sich vor unseren Schritten,
Piniennadeln wippen vor der Wasserfläche,
die Welt entfaltet sich,
bereit, erobert zu werden,
sie liefert jeden Fußbreit zwanglos aus,
das Schilf streift unsere Flanken
zaghaft und entschieden wippend,
Tropfen tauchen fahl ins Meereswiegen.

Wir haben unser Ziel erreicht,
die Schritte pendeln auf der Landzunge aus,
die sich in die weite Fläche hinausschiebt,
umspielt von garstigen grauen Winden,
die sie in ihre Einsamkeit gefegt haben,
wir streifen über den Sand,
der sich in Unentschlossenheit verliert
zwischen aufgerichteten Felszacken.

Kein Vorwärts mehr,
das alles wirkt banal,
bevor die Umkehr unumkehrbar wird,
eingemummt im Schlummer des Nichtwissens,
dass alles zurückkehren wird,
nicht mehr unbekannt und überraschend,
sondern überrascht im Vertraut-Sein,
das Wiedererkennen begrüßt jedes Detail

wie etwas schon Dazugehöriges
und berührt die Haut,
unschlüssig und behaglich
und darin liegt Geborgenheit.

Die geometrischen Silhouetten der Stadt
durchbrechen verschwommen die Horizontlinie,
ihnen wollten wir entfliehen,
nun kehren wir in ihren Schoß zurück
vorbei an den unschlüssigen Kormoranen,
den getuschten Bögen der Piniendächer,
Sandkörner knirschen unter den Sohlen,
die Landzunge versinkt in unserem Rücken
hinter Schleiern von Regenschauern.

Jede Erscheinung hat ihren Wert verloren,
wirkt benutzt und schal,
Frische und Unbekümmertheit sind dahin,
das Unentdeckte ist verloren,
was wiederkehrt, wirkt verkehrt.

Der Reiz des Auskundschaftens
geht im schon Erlebten unter,
die Begegnungen schmecken schal,
da ist kein Aufbruch mehr,
keine Spur von Ursprung und Unschuld,
die erobert werden können

im Hochgefühl des naiven
und Besitz ergreifenden Blicks.

Und doch,
die Wiederkehr der vertrauten Eindrücke
rührt uns an,
sie umfängt uns wie ein Trost,
alles ist noch fremd und schon vertraut,
ein altes Bild, ein neues Bild,
die darauf warten,
zusammengesetzt zu werden
und dadurch ihr Innerstes
und das, was sie ausmacht,
umso intensiver preiszugeben,
sie entfalten ihre Tiefe
und breiten sich neu vor uns aus.

Tiefblau

Ich umkreise den Strand von Pampelonne,
der mich mit seinem Magnetfeld abstößt,
ich suche die kleinen Strände und Wege,
die Felskanten und das enge Gesträuch.

Vom Strand de Bonne Terrasse
strebe ich nach Südwesten
und folge dem Rabenpaar,
das vor uns davongleitet,
und den Felsennasen,
die ins Wasser tauchen,
Licht schlängelt sich durch den Wasserfilm,
umspielt von Grün- und Blauklängen,
unter denen der Sand fahl aufleuchtet.

Dort lasse ich mich ins Wasser gleiten,
in seine Weichheit und Frische,
das Tiefblau lockt mich,
denn es verheißt das Bodenlose,
nur in der Düsternis von Blau zu finden.

Der Felsen kitzelt kratzig von Gelbocker
und gibt den Schuhsohlen Halt,

ich bin berauscht vom Aufstieg
zwischen Piniennadeln hindurch,
sie leuchten unnatürlich grün
aus ihrem Innersten, schon neonfarben,
und greifen mich an,
erst die orangefarbenen Bällchen im Gestrüpp
schaffen mir wieder ein Zuhause.

Der Strand von Escalet
verzückt mit seinen Felsenbuchten,
mutige Einschnitte ins Gestein,
die sich auflösen im pulvrigen Sand,
wären da nicht die Sonnenbräuner,
faltig und auf die Pelle gerückt,
sie geben ihren Platz niemals preis,
bis die Sonne sinkt
und sie in Schatten taucht.

Pampelonne aber bleibt tabu,
eine düstere Vorahnung,
lange Zungen leckenden Sands,
Zuflucht poröser Körperumrisse.

Verlocken

Sie zappeln über mir an der Oberfläche
auf dem dünnen Film
vagen Spiegels von Himmel und Luft,
nur wenige lassen sich hinuntersinken
auf den Grund zu mir
und noch weniger besuchen mich
bei meinen Felsen.

Sie sind nicht für Wasser geformt,
die meisten versuchen es wie Frösche,
plumper eben,
sie können nichts dafür,
ihr Strampeln verscheucht mir die Fische
unerhört!

Dieser hier scheint neugierig zu sein
und schaut mit seinen runden Augen
mitten ins Wasser hinein,
hat er mich entdeckt,
tauchen kann er,
wenn auch nur kurz,
er muss aufsteigen,
der Balg aus Atem und Pelle.

Ich will ihm folgen,
mein Rückstoß lässt mich dahingleiten,
dass meine acht Arme hinter mir flattern,
meine Saugnäpfe,
an der Schnur aufgereihte Perlen,
ich will schauen, was er so treibt,
eine kleine Abwechslung allemal,
ich habe sie verdient.

Er liegt mit dem Rücken auf dem Wasser
und schaut in den Himmel hinein,
sonst nichts,
ein ungewöhnliches Exemplar,
verheißungsvoll,
könnte was sein für mich.

Ich will noch näher heran,
damit er mich beachtet,
was ist?
der Feigling paddelt zum Strand zurück,
nicht mein Revier,
halt, nicht so schnell, ich will mit dir spielen,
komm, lass uns ausgelassen sein.

Er muss mich längst bemerkt haben,
ich will mich auf seine Haut legen,

ganz sachte, wie ein Seidentuch,
ich kann das,
ich spüre die Muskeln seiner Wade, holla!.

Er zuckt zusammen,
du musst nicht erschrecken,
ich bin weich und anschmiegsam,
kein Unterschied zu Wasser fast,
komm, folge mir,
ich zeige dir mein Reich.

Er stiebt hinweg,
auf dem Strand nützt du mir nichts,
was soll dieser Aufruhr von vielen Wesen,
ich will nur dich,
ich will mich verwandeln,
vielleicht gefällt dir dunkelrot,
kannst du mich erkennen?

Jetzt hast du mich entdeckt,
du bist nicht der einzige,
ich muss aufpassen,
sonst treten sie auf mich,
sie könnten mich zerquetschen.

Sei doch nicht scheu,
wir können alles miteinander anstellen,

muss ich noch weiter gehen,
ich strecke einen meiner Arme aus nach dir,
die letzte feine Spitze soll deinen Zeh berühren,
verstehst du endlich,
dass ich nur dich will?

Mein Körper ragt schon aus dem Wasser,
hier ist's zu seicht für mich,
der Wasserfilm fließt an meinem Körper ab,
das Atemwasser pumpt in die Luft hinaus,
komm endlich, folge mir,
lass uns zurückkehren,
ich will dir von meinen Geheimnissen erzählen.

Erschrick doch nicht vor mir,
zarter kann ich dich nicht antippen
und nicht weiter entgegenkommen,
der trockene Sand ist kein Spaß für mich,
sei nicht so ängstlich, armer Tropf,
du brauchst dich nicht zu zieren.

Dann halt zurück in die Tiefe,
ich will mich abstoßen von hier
und zurückkehren in mein Felsenreich,
ich werde dort eine andere Ablenkung finden,
schade, sei's drum,
wir hätten Spaß haben können.

Flattern

Was dachtest du,
wie sich die Anwesenheit von Engeln
anfühlen würde?

Ruhe wäre Illusion
und Gemessenheit
eine kindliche Vorstellung.

In der Höhe der Wand
lockt eine rechteckige Aussparung,
auch Engel müssen Schwerkraft überwinden.

Er flattert zu dem Käfiggitter empor
das die Fensternische umfängt,
wer etwas zu verbergen hat,
eine unwiderstehliche Verführung.

Das Auffächern der Flügel will nicht enden,
sie schlagen so schnell,
dass sich ihr Flug im Flattern auflöst.

Die Federschweife schwingen
und peitschen die Luft

mit ihrem Grau und Weiß,
was sie ersehnen,
bleibt verwehrt.

Bin ich verrückt,
was könnte sich der Macht
eines Engels entziehen?

Mir bleibt das Schauspiel,
das Schlagen der Luft,
die unauflösliche Verbindung
mit den Federspitzen,
die sie trägt.

Die Vorstellung scheint absurd
und woher erreicht sie mich,
lockt der unstillbare Drang,
in der Vermählung mit dem Luftkörper
zu vergehen?

Erlösung

Du fährst durch mich hindurch,
schneidendes Schwert,
schäbiger Elektroroller,
diese Verbindung,
blitzartig,
ist mir ein Graus.

Mein Federkleid,
hell rotbraun und weiß,
erscheint unberührt und jung,
erschaffen für viele Tage
Aufsteigen in die Luft,
es würde mich verjüngen
mit jedem Mal.

Ich kenne die Gefahr,
meine Flügel heben mich auf,
ihr kräftiger Schlag
lässt mich steil nach oben aufsteigen
zu den Ziegeldächern,
Maserungen in Rot und Gelb
hoch über dem Pflaster der Altstadt.

Ich bin es gewohnt,
zwischen Menschenfüßen hindurchzumanövrieren,
ihre unmittelbare Nähe,
jeder meiner Schritte ein Nicken,
sie achten auf mich
und wenn nicht,
haste ich zur Seite,
manchmal sind sie zerstreut,
ich brauche nur aufflattern und davonsegeln.

Du aber
fährst mitten durch mich hindurch
aus einer zweifelhaften Verdichtung heraus,
als sei ich nicht,
doch auf ein Nicht
hält man nicht zu.

Ich schaue an mir herab
und scheine äußerlich unversehrt,
kein Tropfen Blut,
es fühlt sich anders an,
auch wenn ich nichts fühlen kann,
bin ich durchfahren und durchtrennt.

Ich will davonflattern,
doch meine Flügel tragen mich nicht mehr,
was mich voller Kraft emporhob,

kann mich nicht mehr retten,
die Schneide eines dunklen Tuchs
durchfuhr mich in lichtem Sonnenschein
und führt mich nun zu endgültiger Stille,
ich werde nie mehr aufsteigen.

Du schaust dich nicht mal um
und lässt dich von deinem Roller fortschaffen,
doch dieser Augenblick
verbindet uns für immer.

Du reißt mir das Leben aus der Brust,
es schwindet,
mein Kopf richtet sich kraftlos auf,
mein suchender Blick,
das Schlagen der Flügel umsonst,
es bleibt nur das Paddeln über das Pflaster,
als sei es ihre Bestimmung,
von Dreck verschmiert zu werden.

Komm zurück!
Deine Rohheit vereint uns,
nur ich kann dich von ihr befreien,
heb' mich auf
und bette meinen erschlafften Körper
in deiner Hand,
halte meinen Kopf,

der sich zur Seite legen will,
streichle mich in den Tod,
damit auch ich dich erlösen kann,
du wirst diesem Dienst nicht entkommen.

Du versuchst zu fliehen,
wo es kein Entfliehen gibt,
du wirst an mich gebunden bleiben
für alle Zeit,
ich bin deine Taube.

Auch wenn du mich wegwischen willst,
wirst du zu mir zurückkehren müssen,
mein vergeudetes Leben
wird immer an dir kleben bleiben,
es ist dir nahe,
es kleidet deinen Körper von innen aus,
bis auch du dein Leben
aushauchen wirst.

Grenze

Der Laubvorhang fällt herab
und verschiebt sich
in der Bewegung des Windes
wie eine senkrechte Wasserfläche,
sein Gelb leuchtet
im Gegenlicht der Stadionanlage
vor der Leinwand der schwarzen Nacht.

Die Blättergirlanden fallen
von ihren gewölbten Wipfeln herab,
Grenze zwischen Licht und Finsternis,
hoch und geräumig,
einem Dom gleich,
das reich gezackte Blätterwerk
kann nur das von Platanen sein,
so große Blatthände streifen sich im Wippen,
zu üppig für Herbst noch,
kein Wunder,
so dicht bei dem stillen Wasser des Kanals.

Wie kann das zitternde Laub im Wind
Wassergekräusel so ähnlich sein,
sein unentschlüsseltes Wogen und Beben,

das selbst das feine Ertasten der Fingerspitzen
nicht zu ergründen vermögen,
eine Ahnung von dem,
was die Sterne bewegt.

Rauhes Männerrufen prallt
gegen den Blätterfall,
französische Rugbyspieler,
ich hab die Regeln des Spiels nie kapiert.

Ein Ballett,
wenn sie ihre grazilen Körper
vom Boden abstoßen
und den Ball
aus der Luft fischen.

Windwärts

Rhapsodie

Kleine Wesen steigen im Morgentau auf
aus müden Grasbüscheln,
die Sonnenstrahlen erwärmen sie
und das Licht blendet.

Steigen und sinken,
ein Reigen,
Abstände werden bedeutungslos,
die Zwischenräume tanzen.

Die Libellen schlafen noch
und reiben sich den Schlaf
aus den riesigen Augen.

Fluoreszierende Kugeln, winzig,
bandeln in den Tag hinein, breite Zeit,
der Vormittag treibt schwerfällig voran,
Lichterglanz, leichter als Luft,
glitzert im Raum.

Bis sich sein In-Die-Zeit-Stolpern
in Pirouetten auflöst.

Die Tristesse des Tubabläsers

Keine Note in den Linien des Notenblatts,
alle anderen spielen, außer mir,
wozu die Tuba auf dem Schoß halten?
die Zeit schreitet voran.

Sollte ich Fülle begehren,
48 Takte Pause,
48 Takte zählen,
auch eine Beschäftigung,
mal schauen, was die Pauke so treibt,
wenn sich das Schlagwerk verschiebt
um seinen Einsatz zu organisieren.

Die Tuba aufnehmen,
wann habe ich mich in ihr Metall verliebt?
Metall, verstehst du?
das Gewicht,
wann habe ich mich in ihr Eisen verliebt?

Im Eisen wohnt der umfassende Raum,
den ich durchdringen möchte
und mit Tönen verschlingen,
es trägt die Schwere der Erde,

wenn ich es erklingen lasse,
und alle Sorge verfliegt.

Crescendo,
die hohen Stimmen schreien nach Grund,
Fortissimo,
mein Part beginnt,
Pamm! Pamm! Pamm!
die Wucht meiner Stimme erblüht,
stampfender Boden.

Das Werk ist getan,
ich lehne mich zurück,
mir bleibt,
die Beine auszustrecken,
wieder 48 Takte Pause,
die Tuba zur Seite kippen lassen
und abstellen
mit dem Kopf zur Erde.

Pulsieren

Das Ganze zusammenhalten
und seine Leichtigkeit darin finden,
die vielen Stimmen hören auf mich
und gehen durch mich hindurch.

Sie kennen das Voranschreiten,
jede einzelne Stimme
in ihrer Verschiedenheit,
hoch, tief, laut, leise,
Holz und Metall.

In allen pocht das Herz
seinen eigenen Takt,
den Takt,
nach dem ich mich ausrichte
und der sich nach mir ausrichtet,
das Zusammenspiel ertönt.

Aus den Klängen und dem Raum
entsteht eine Gestalt,
die das Leben erleuchten lässt
in einem fort,
die lebendige Form,

gleichmäßig und unangreifbar,
sich aufeinander abstimmen
und nacheinander ausrichten,
Hände, die ineinander greifen,
um sich zu halten.

Die Magie entsteht durch mich hindurch,
ohne dass ich mich kenne,
alle Kräfte strömen in mich ein
und verwandeln sich in mir
zu einer unauflöslichen Verbindung.

Das Aus-Sich-Selbst-Sein
pocht in mich ein
und aus mir heraus,
zielgerichtet, unaufhaltsam,
auf Bahnen,
die es beschreitet,
ohne zu wissen,
woher sie kommen
oder dass es sie gibt.

Es durchsprudelt uns,
wenn der Rhythmus zerfetzt,
ein perlendes Bad,
Stolpern, Straucheln,
Kreischen, Fauchen,

Metallspitzen, Gestein,
das die Luft durchfährt
mit aller Wucht,
den Kasten auf's Parkett schlagen,
gellende Pinselstriche,
tröpfelndes Holz,
aus dem Innern dröhnen,
wir wissen, wir fallen weich,
das wärmende Gefühl,
sich im Ausklingen aufzufangen.

Ich gebe ihrem Inneren Richtung und Halt,
ich kann mich nicht um alle kümmern
und tue es doch,
wenn sie fragen, antworte ich,
wo Antwort nur neue Frage sein kann,
die sich aus sich selbst beantwortet
aus dem alles Uns-Durchdringen.

Es drängt aus allen,
mich zu durchlaufen,
wie ich uns alle durchlaufe
und alle sich gegenseitig
hin zu dem Ziel,
das durch uns alle entsteht,
ich bin allen nahe,

ich wäre nicht ohne sie,
sie vertrauen mir.

Aus uns heraus
pulsiert die strömende Kraft.

Verwoben

Die Schritte des Horchens betreten
die sicheren Planken der Klarinetten,
ihre Phalanx ist angesetzt,
um das Fundament herauszublasen,
das sie selbst begehen,
massiver als Eisenbahnbohlen,
dazu erschaffen,
das Gewicht der Welt zu tragen.

An ihren Flanken erschallen
Querflöten, Oboen und Saxophone,
Hannibals Armee marschierte nicht geschlossener,
darin liegt Stampfen,
der Atem des Alls,
Pochen,
Augen richten sich aus,
festgefügter, sicherer Blick,
jedes Zaudern verfliegt,
Umrisse treten klar hervor
wie Wolkenballen des aufziehenden Unwetters.

Weben sich die Trompeten ein,
erstrahlt der klare Schein der Sonne,

Oberflächen härten aus,
was porös war,
wird mit einem Film überzogen
gleich klaren blanken Eises,
hauchdünn und so hart,
dass Eisen daran zerschellen muss.

Hörner, Euphonien und Fagotte
irrlichtern an den Rändern
und klammern sich an den Posaunen fest,
ihr Einsatz beginnt schwankend,
die Leere der Zeit senkt sich ein,
verunsichert und kratzt an der Form,
sie füllen sie zaghaft aus,
bevor sie sich auf breiten Schwingen
gegen die Weiten des Horizonts tragen lassen.

Das alles steigt aus der Ferne auf
scheinbar vage im Entstehen,
dann poltert es hervor und formt sich aus,
die Tuben dröhnen feiste Umrisse
gleich mächtigen Tieren,
die den Boden erzittern lassen,
zu mächtig, um anzudauern,
aber immer präsent in ihrem Schlummer.

Die Einsamkeit der Tubastöße
wird nur übertroffen
von der Einsamkeit der Paukenschläge,
die ineinanderstanzen,
zerbrechliches Gespinst ohne Zeitmaß,
das Warten darauf,
alle Panzer abzuwerfen.

In dem allen liegt Melodie
und die Bewegung von Geflatter,
Auftauchen und Versinken,
um zu überleben
in den Schellen des Tamburins,
es träumt sich hervor
in seinem Gewischt- und Geschlagen-Werden,
verziert vom Dröhnen des Gongs,
dem Auf- und Abschwellen,
das niemals zu verklingen vermag.

Die Becken zerschellen in sich selbst,
sie blitzen und schäumen auf
in ihrem Zusammenstürzen,
gestärkter Tüll, in sich eingesenkt,
erwartet tastend die weichen Schläge der Trommel,
purzelnder Filz aus dem Nichts,
dumpfes Nach-Gemurmel,

das sich verschluckt
im Sich-Besinnen seiner selbst.

Die Zeit steht still
und baut sich wie zufällig in Erwartung auf,
sie schwillt an in ihrer Ausgeräumtheit,
dunkel und dumpf,
bis sie sich im Schlag der Pauke befreit,
Filz auf mollig klingendem Fell,
das sich in seinem Irrlichtern wiederfindet,
Urgrund für das Aufklingen von Helligkeit,
es wagt sich endgültig hervor,
zitternde Frühlingsdüfte tanzen,
um sich aufzulösen
und davonwehen zu lassen.

Schlagwerk

In der Ferne lauert die Ordnung,
sie stampft vor sich hin
trotzig und selbstgewiss
und verliert sich in sich selbst,
hervorpurzelnde Perlen,
auf Linien angeordnet,
ausgefüllte Ovale
mit beliebigen Schwänzchen.

Zwischenschichten keimen auf,
noch unentschlossen,
alles scheint festgefügt,
eine Täuschung,
die wie so oft im Nichts versinkt,
Sitzreihen verharren fest geschlossen,
Fanfaren erklingen,
der Marsch setzt ein
und fällt sofort in sich zusammen.

Wir sind verbunden durch Tuben,
sie warten wie wir im ausgefüllten Nichts,
am liebsten kopfüber
und an den Rändern verbeult,

bevor sie genommen und angesetzt werden,
wenige Stöße reichen,
das Fundament ist gelegt,
unsere Körper schwirren umher,
wir haben keinen Ort,
wir haben viele Plätze.

Das Xylophon scheut wie ein Pferd,
es bäumt sich auf und galoppiert davon,
die Erde bebt unter seinen Hufen
und klopft ihren warmen Klang
im Aufsteigen seiner selbst,
um sich zu zersplittern
in die Buntheit seiner Höhen.

Unsere Figuren verschieben sich eilig,
der Schmächtige streift des Tamburins Schellen,
sie rasseln gebunden im Zaum
aus dem sie ausbrechen wollen,
er aber zähmt sie,
indem er über die aufgespannte Haut streicht,
um sie hell erklingen zu lassen.

Wieder verschieben wir uns
im offenen Raum des Hintergrunds,
der sich mit uns verdunsten will,
seine Ränder erscheinen so flüchtig

und sind doch geschaffen,
uns zu halten,
Eile, Eile,
der Jungenhafte lässt den Filz des Klöppels
auf den aufgespannten Fellen tanzen,
ihr Prasseln perlt hervor, trotzig,
Tragfähigkeit mit der Leichtigkeit von Tanz.

Wieder löst sich der Raum auf
im Huschen unserer Körper,
der Schmächtige hält die mächtigen Becken,
vollendete Rundheit,
und lauscht auf das Voranschreiten,
das durch ihr Zerschellen zertrennt wird,
nur um sich neu auszuformen,
ihre Flächen frei schwingen zu lassen,
sie lauschen auf ihr Nachhallen,
bis sie an ihren Rändern Ruhe finden.

Die Mechanik des Figurenwerks
springt erneut an,
unsere Gestalten laufen
wie auf Holzbahnen,
es gibt keinen Stillstand darin,
sie finden ihren Platz immer neu,
er erscheint zufällig
und ist doch vorherbestimmt zugleich.

Aufmerksam verfolgt der Jungenhafte
die Schläge der Zeit,
die ins Leere fallen,
bevor er sie erklingen lässt,
der Schmächtige lässt unter dem Krachkasten
den Boden erzittern,
er blickt voller Zweifel auf
und überprüft das Notenblatt,
den richtigen Sitz in der Zeit,
bevor sich der Raum darin auflöst.

Auf der Suche nach der Inkonsistenz

Ich habe dich begleitet von Anfang an,
von den kieksenden Tönen des Schalldämpfers
vor den aufgespannten Bildschirmen an,
in denen ein Orchester voller Wirrnis wogt,
du sitzt auf dem Bürostuhl mit Rollen,
das Silber der Trompete angesetzt,
und stößt stolpernde Klangfetzen hervor,
während wir Hausaufgaben machen
am Wohnzimmertisch, eine Armlänge entfernt.

Als ich dich frage,
zeigst du mir das Notenblatt,
aus dem Takt geratene Klangfetzen,
vor den Kopf gestoßen Töne,
angerempelt und benebelt,
wie sollst du sie zählen?
und doch tust du nichts anderes,
eine Herde wild gewordener Laute,
ausgebrochen, um eingefangen zu werden,
stoßendes Keuchen, unbändig,
ohne Entkommen aus der Freiheit,
in den Schalldämpfer gepresst.

Du begrüßt mich vor der kleinen Aula
im Marienkäfermantel,
für mich ein fremder Ort,
für dich vertraut,
die Grüppchen junger Musiker
stehen hier vor der Probe versammelt,
der Dirigent in der Aula,
der mit den Celli arbeitet,
konzentriert und leicht zugleich,
du suchst einen Platz für mich
am Rand hinter den Tuben und Kontrabässen,
ein Platz mit Anklängen von Vertrautheiten
für mich.

Du tauchst ein in die Linie der Trompeten,
nicht ganz, dein Profil bleibt erhalten,
die angesetzte Trompete,
ihre Stöße und ihr heller Klang
können niemals für mich untergehen,
ich lasse mich hineinziehen
in das Dröhnen des Tönegewitters,
mächtige dunkle Stimmen,
die nichts anderes erstreben,
als sich zu unterwerfen und zu tragen.

Die wilde Herde ist los
und du mitten darunter,

schrilles schräges Schreien,
choreographierte Vernichtung,
scheinbar vom Taktstock gezähmt,
die dünne Linie,
die das Stolpern befiehlt
oder den breiten Sound,
der mich aufhebt
und schweben lässt
wie ein Luftstrom voller Leben,
er breitet sich in mir aus
und kleidet mich von Innen aus.

In der Masse des Publikums,
umgeben von deinen Vertrauten,
die dich mit mir zusammen erleben wollen,
bist du vor der Aufführung weit entfernt
und kaum auszumachen in der Masse,
die die Instrumente um dich herum schaffen,
dein Kopf taucht auf
weit hinten vor der Rückwand,
so klein, so weit entfernt,
die Körper verschwinden in ihren Uniformen
und ihr vollbringt, wozu ihr bestimmt seid,
die Wucht des Klangs bricht hervor.

Ein Abglanz und Nachklang der Nähe,
am Ausgang erscheinst du strahlend

im Rot und Weiß deines Mantels,
den Käferrucksack auf dem Rücken,
in den sich deine Trompete einschält,
sie scheint noch zu strahlen
in tiefster umschlossener Dunkelheit.

Die Geometrie des Sausens

Das Spiel fängt leise an und zart,
ein Streichen nur,
Streicheln und Kratzen,
das einlädt auszubrechen,
in klarste Klänge zu bersten,
Klänge von glänzendem trotzigem Metall.

Die Töne marschieren klar umrissen
aus dem Nichts heraus,
wilde Pferde,
nicht zu bändigen,
unwillig und kraftvoll
durchfahren sie das Eisen,
um freigelassen zu werden
und zu entkommen,
sich wie Blütenwerk
miteinander zu vermählen.

Ihre Kraft scheut ungezähmt
in vollem Galopp,
Trompete und Altsaxophon umschlingen sich,
gehalten von Posaune und Basssaxophon
voller Wille und Klangfülle,

sie entfalten sich in klarsten Ornamenten,
florale Linien im geometrischem Hauch.

Die Schüsse der Trompete
feuern wie Lichtstrahlen,
in sich klar umgrenzt,
niemand würde wagen,
sich ihnen entgegenzustellen,
so stürmisch stoßen sie hervor,
umspielt von den Ranken des Sopransaxophons,
Knospen und Aufspringen
von bunter Helligkeit,
strahlend im gegenseitigen Sich-Umluchsen.

Der volle Klang der Posaune
trägt sie fort,
sichere Grundfeste
voller Wärme und Gelassenheit,
Wabern von Sommersonne,
zärtliches Umstreichen,
verschränkt mit dem Basssaxophon,
ihre Klänge umschwingen sich
und vibrieren aus dem Inneren,
sie verschmelzen und treiben sich voran.

Aus den vier Stimmen
fließt ein starker Strom,

der sich aus sich selbst belebt,
Schweben und Stampfen,
Gesäusel und Blitz
elektrisieren sich gegenseitig,
wie alles andere, was sich in seine Nähe wagt
und seine Nähe sucht,
um sich anstecken und überraschen zu lassen
aus kichernden Klangklecksen.

Dieser Galopp reißt mich fort
und treibt mich auf Höhen,
auf denen ich Aussicht halte,
deren Weiten mich erfüllen,
er führt mich in Gedrängtheiten,
die mein Innerstes aufflammen lassen,
senkt mich in die Tiefen von gemessenem Eis,
immer gehalten und aufgefangen
in sein buntes Klanggeflecht.

Dort hinein erklingt die menschliche Stimme,
brasilianische Weichheit,
wie kann sie die Wucht des Metalls
übertönen und strukturieren,
indem sie tropische Blumen einwebt,
graziles Verwehen in Blau und Pink,
Fülle und verfliegender Reichtum des Regenwalds.

Er ist geborgen
in der Tiefe und Erdigkeit der Congas,
Fülle und schleppender Drang der Hitze,
schützendes Sich-Einfügen,
das treibt und trägt
den klaren hellen Klang.

Die Bläserinnen drängen voller Ungeduld herbei,
ihr Spiel umrankt sich
mit dem glockenhellen Prasseln der Harfe,
das wie Tauperlen erfrischt,
sein Glanz durchfährt es trotzig und pochend
und zieht es in seine Dichte,
bevor es sich darin auflöst.

Das Flüstern des Schlagzeugs
kommt auf Samtpfoten daher,
es gluckst und kichert,
zwitschert vorwitzig
und trägt den Schall auf einem Tscheng davon,
dumpf grummelnder Donner,
der versucht, die wilde Fahrt einzufangen,
nur um sich ihr zu unterwerfen
und von ihr mitreißen zu lassen.

Den klaren Klang des Quartetts
umstreichen die Harmonien des Klaviers

wie eine Katze,
die sich mit ihrer Seite anschmiegt,
sie zerren an seinem Gefüge, liebevoll,
um ihm seine Geheimnisse anzuvertrauen,
bis sie sich in ihren Träumereien verlieren,
unbeschrittene Pfade, aus der Luft gefischt,
einen Fuß vor den anderen setzend,
sie steigen auf
in ihren freigelassenen Leichtigkeiten.

Das Metall der Führungsstimmen ruft zurück,
sie lassen ihren hellen Schall aufbranden,
pochender Wille mit eingewebtem Zorn,
ungestümes, wildes Drängen,
das Gespann will sich befreien und zerstreuen,
um zu sich selbst zurückzufinden
und sich selbst zu zähmen
in seinem Zusammenklingen
aus tiefstem Zusammen heraus,
das entschlossene Fest entschiedener Klänge.

Kalimba

Dein Körper sagt mir:
Ich will die Stille dort erhorchen.

Wenn alle zur Ruhe gekommen sind,
liegst du auf mir,
reine Schwere,
erfüllt von Aufruhr,
der nachhallt
und Gewicht gewinnt,
das ausklingen will
im Sich-Anschmiegen.

Die Farben der Töne
tanzen darin,
ständiges Sich-Verirren
im roten Fluss des Bluts,
seine Hitze steigt in die Haut auf
und tränkt die Locken
in neugierigem Schweiß.

Du suchst den Platz für die Klänge,
deine Gestalt ist zu klein,
um sie fassen zu können,
sie pflanzen sich in dir fort
als Klangperlen und Murmeln,

die Treppenstufen herunterpurzeln,
Gerappel von hölzernen Rhythmusfröschen,
Metalllippen bauchiger Kalimbas.

Dein Körper sucht Ruhe
in der Schwere,
sie muss sich ganz in dich versenken
und Grund in dir finden,
bodenlose Tiefe,
in der sie sich verankern kann,
um dort leicht zu werden
in den absinkenden Dunkelheiten
und darin herumzustöbern,
sie wird dort ihren Platz finden
und sich einschmiegen
als buntes Kaleidoskopmuster.

Wenn sich da Aufruhr,
Schwere und Buntheit
treffen und verbinden,
steigst du darin auf,
leichter als der zierlichste Schmetterling,
aufgespannte Flügel,
die dich emportragen
und in Farbigkeit schimmern,
klar und durchscheinend,
deine Glieder wissen nichts davon,

noch nicht,
sie warten darauf,
sich dort hineinzuträumen.

Die Frische deines Atems
wird ihren Morgen
über dich verströmen.

Noord

Strandballett

Sie tanzen das Ballett ihrer Bestimmung,
vollkommen abgezirkelt,
Handgriffe wie jeden Abend,
junge vermessene Manipulationen
jede mit jeder Hand in Hand,
sei es das eigene Richten
oder das des anderen.

Die Sonnenschirme stehen träge
vom Licht des Tags
und schütteln seinen Glanz ab,
sie warten darauf,
zusammengefaltet zu werden
und nebeneinander gestellt,
die Jungen rammen sie mit dem Fuß in den Sand,
kaum dass sie Gewicht dazu haben,
sie binden sie zu einem Strauß
in unaufdringlichen Abständen,
der sich gegenseitig beschützt
vor Wind und Sturm.

Die Holzliegen werden verrückt
zu ihrem Ursprung hin,

jeweils zwei nebeneinander,
Kopfteile auf gleicher Höhe,
die Jungenkörper mühen sich ameisenhaft,
sie scheinen zu schwach für das Gewicht
und stemmen die massiven Holzgestelle,
sie schaffen sie an den Platz,
der für sie bestimmt ist,
um alle Ausgelassenheiten des Tages
in ihre Angemessenheit zurückzuführen.

Die spröden Liegematten auf ihnen,
robustes aufgepumptes Textil,
Eidechsenhaut gleich,
schichten die zarten Gestalten
zu einem Quader auf,
Matte legt sich auf Matte,
und erhebt sich zu einem Bauwerk,
jeder Träger schultert jeweils zwei,
sie schaffen sie von weither herbei,
auch wenn sie darunter verschwinden,
jede Gegenwehr und Verrenkung
wird in ihre Ordnung zurückgeführt.

Arme und Beine verschieben sich
in mechanischen Verrückungen,
die Matten finden ihren Platz,
zu bleiche zu kleine Hände

schieben sie zurecht,
prüfende Blicke verfolgen den Tanz
der zerschlissenen Oberflächen,
zupfen Laschen,
rücken Ecken,
bis das Bollwerk aus Oberflächen
seine vorbestimmte und reine Form gewinnt.

Wer rückt wen
in gleichmäßigem ruhigem Tempo
ohne jede Aufgeregtheit,
immer behütet von klaren Blicken,
die das Verschieben der Gliedmaßen
gegenseitig bewachen,
Räderwerk von Jungenkörpern,
ineinander verschränkt,
jede Hand greift,
wohin die andere sie führt,
gelassener Fluss zu dem Werk,
das sich jeden Abend hier vollzieht,
bevor die sinkende Sonne
ihre Nacht darüber senkt.

Figurensilhouetten gegen den Seehimmel,
farblos in sich eingewirkt,
mechanisches Sich-Zusammenstellen
aus einem inneren Rhythmus heraus,

der in allen Wesen gleichzeitig pocht,
Atem von Seeluft,
salzgetränkt,
auf Jacken,
Gesichtern,
dem Glanz der Augen,
angewinkelte Arme,
ineinanderfassende Hände
und der Griff
nach Schirmen und Matten,
prall gepolstert,
getränkt in Sandfarben,
Salzfarben.

Kibbelinge

Das Einrichtungshaus breitet sich vor uns aus,
hochwertig und geschmackvoll,
es hat sich in das Kloster einquartiert,
die piekfein restaurierte Kanzel
wird flankiert von mondänen Bildern,
afrikanische und asiatische Models,
hochbeinig und in Stiefeln,
an den Rändern stylisch verfremdet,
die Orgel glänzt in mattem Blau Weiß Rot,
perfekter war das Metall der Pfeifen nie
gepudert und umrahmt,
der Raum der Kapelle wölbt sich
zipfelförmig in die Höhe
über Sofas und Betten,
weit ausladende Blumenarrangements
zum Zunge-Schnalzen,
in ihren Nischen beten die Esstische
ihr köstlich bearbeitetes Holz.

Der Laden mit Gouda-Käse,
ausschließlich Gouda,
versteckt in der Häuserzeile der Fußgängerzone,
„treten Sie ein!“

ist leer von Kunden
und die Verkäuferin dankbar,
dass wir ihre Einsamkeiten zerstreuen,
Käseräder stapeln sich vor den Wänden auf,
kleine Näpfchen von Käsewürfeln darauf drapiert,
die Sorten schmecken köstlich,
Trüffel, Rosmarin, Nelken
und das Alter,
bis weitere Interessenten einströmen,
die Asiatin kauft für 95 Euro,
selbst die Tochter wundert sich.

Der große Platz am Ende der Straße
ist übersät mit Badegästen,
über die Holzplanken der Dünen
schiebt sich die Karawane zum Strand und zurück,
die Wolkentupfen im Himmel lösen sich auf
und die Schlange vor dem Verkaufswagen
erstreckt sich überschaubar,
zum Glück,
das einheimische Pärchen kennt sich aus,
eine runde Pappschachtel Kinogrößen gleich
voller Kibbelinge
und der Becher Remoulade dazu,
hier am Sehnsuchtsort
will ich nicht widerstehen,
ich bin an der Reihe.

„Vorsicht vor Möwen!“
das Schild im Wageninnern,
der Junge hinter der Verkaufsvitrine,
keine zwölf,
schaufelt Kibbelinge in die Schachtel,
ich frage mich,
woher die Kibbelinge kommen,
vielleicht hinter der Metallwand,
als ob sie dort von alleine hochpoppen könnten,
der Junge bewegt sich professionell,
er managt den Verkauf
souveräner als der Alte,
der in seiner Ecknische festhängt,
die Jahre,
„mit Karte?“
kein Problem,
Vorsicht vor Möwen!

Mit der Schachtel voller Beute
steuere ich auf sie zu,
die auf mich wartet
und vor der Junisonne Schutz sucht
hinter der Touristentafel,
die Sonne steht zu hoch
und giftet vom Himmel herunter,
kein Schatten auf dem runden Platz,

wir sind nicht ausgerüstet
und folgen dem Menschenstrom über die Dünen,
wir hoffen auf den Strand.

Er streckt sich vor uns aus
in gleißendem Licht,
das den Sand ausbleicht
und von dort zurückgeworfen wird,
Familien haben sich darüber ausbreitet,
nackte Babybeine staksen darin herum,
nicht weit entfernt plätschert die Meereslinie,
unser Festmahl kann beginnen
im abgerundeten Schatten einer Mülltonne,
gelbes Plastik in Bauchhöhe über uns
an einem Holzpfahl befestigt,
Vorsicht vor Sonne,
Vorsicht vor Möwen,
gemütlich hier,
unser Traummahl.

Braun und blau

Meine Füße erreichen die Ebbe,
das Restwasser versickert
in den gewellten Furchen zwischen meinen Zehen,
bekränzt von Überbleibseln der Muschelschalen,
Muscheln braun und blau,
vornehme Farben zwischen gewölbten Bögen,
wärmendes Beige wechselt sich ab
mit ausgewaschenem Blau.

Sie folgen nur einer Form,
ein Nicken, das zur Mitte kippt,
und die großzügige Rundung,
die sich darüber spannt,
ich bin ihnen nie begegnet,
als sie noch lebten,
die Streifen folgen der Wölbung ihres Körpers.

Die Abstände der Linien
ordnen sich niemals gleich an,
sie erzählen die Geschichte der Muschel,
egal ob braun oder blau,
die Streifen werden getrennt
durch ein mattes Weiß,

die Farben jedoch strotzen vor Kraft
und künden von dem erfüllten Leben
in den Tiefen der Meere.

Ich werde diese Geschichten nie erfahren,
warum dieser eine braune Streifen
breiter ausgebildet ist als der nächste
und sich eine feine Linie am Kopf entlangzieht,
manchmal sind's mehrere in kurzer Abfolge,
ihre Rundungen schmeicheln der Fingerspitze,
die darüber hinwegfährt,
ihre gleichmäßigen Rillen
verbinden sich mit dem Tasten der Haut.

Die Ebbe schiebt mit versiegender Kraft
ihren Schaum über die glänzende Sandfläche,
ich will die vordersten Muschelmuster
vor der Tiefe des Wassers retten,
ihr verwaschenes Blau,
das sich über Cremeweiß schiebt
und darin zu zerstäuben scheint,
oder die Anflüge von Rottönen,
verirrtes Rotbraun
zwischen dämmrigem Blau.

Auch wenn ich ihre Abfolgen
nie verstehen werde,

rühren sie mich an,
immer und immer wieder muss ich mich bücken
und klaube sie auf
aus der Umklammerung des Sands,
ihre Muster erzählen von verwunschenen Reisen
auf dem Meeresboden.

Was entscheidet über braun und blau,
die Geburt, das Geschlecht, das Temperament,
ein schönes Erlebnis, eine Begegnung,
es scheint beliebig,
das freundliche Hellbraun,
das ernste oder fröhliche Blau,
das auf Wanderschaft geht,
und das schwarzgetränkte,
ich wende die Kalkschale zwischen den Fingern,
ihre Farbe spricht zu mir,
die Abstände zwischen den Linien und ihre Breite
erzählen mir ihr Leben,
ein Leben, das sich in Streifen ausdrückt.

Das Meer kehrt zurück
und umspült die gewölbten Muster
mit seinem Schaum und Salz,
es tränkt sie mit dem Geruch und Geschmack
vom Grün der Algen
und dem Grau des Himmels,

es lässt sie vor- und zurücktanzen,
bevor es sie ganz bedeckt
und mit seiner Ruhe umfängt,
der Sand wird darunter durchlässig
und gibt seine Tiefen preis,
er will sich duchpflügen lassen,
die Maserungen des Lichts
wandern über seine Bodenwellen dahin.

Ich kehre zurück
zum von Füßen durchpflügten Sand,
Strandrestaurants, umkränzt von Plexiglasscheiben,
Einhegungen von Strandmobiliar,
die Spatzen hüpfen distanzlos
auf den massiven Holztischen umher,
von der Sonne gebleichtes Grau,
wenige Handbreit über dem Boden,
die Vögel sind es gewohnt
und schauen erwartungsvoll
aus ihren kleinen Gesichtern,
dies hier ist ihr Zuhause,
das Spiel folgt ihren Regeln,
„komm, lass mich aus deinem Näpfchen picken!
sei nicht so kleinlich!“
das entschiedene Flattern der Flügel
in die Nähe hinein,
der auffordernde Blick,

der Junihimmel über ihnen
fällt hellblau aus der Höhe herab.

Ihre fordernden Blicke
aus schräg gestellten Köpfchen,
ihre zerzausten Körper, so nahe,
das zerfaserte Horn der Schnabelansätze,
das braunes Federkleid,
bis in tiefes schweres Braun hinein,
es leuchtet von innen heraus,
winddurchfurcht, ein Leben lang,
sie segeln von Stuhllehne zu Stuhllehne
und auf die Tischflächen
zwischen den aufgedunsenen Menschenkörpern,
sie sind den Anblick gewohnt,
sie könnten noch ein Stückchen näher,
es sollte doch ein wenig abfallen.

Ich könnte die Hand
nach ihrem Braun ausstrecken
vor dem Blau der endlosen Wasserflächen.

Blesshuhn

Wir laufen gefühlt nur diese eine Straße
an dieser einen Gracht entlang,
die Einfahrt ins Parkhaus verlief prekär,
Einbahnstraßen über Wasserkanten
und der Mopedfahrer mit Beifahrerin
auf dem Fahrradweg in Gegenrichtung,
der uns anhupt und den Vogel zeigt,
ein paar Winkel weiter prunkvolle Steinhäuser
aus längst versunkenen Zeiten,
die den Straßenboden säumen,
unsere Schuhe betreten Fischgrätmuster
aus Ziegelsteinen gemauert.

Das Restaurantschiff liegt am Grachtenrand
zur Mittagszeit vollgestopft mit Rentnern,
Nebensaison,
wir haben keinen Hunger,
im Vorbeigehen fällt das Asian-Food-Schild auf
und erweckt Verheißungen,
alles liegt in der Nähe,
wir folgen den aufragenden Spitztürmen
hinter ziselierten Hausfassaden,

aufgegliedert in überhohe Fensterflächen,
wie haben sie damals geheizt?

Wenige Gassen überqueren die Gracht,
gewölbte Brückenbögen,
die Steigung ist noch zu schaffen
für Fahrradfahrer ohne Gangschaltung,
sie umschwirren uns von allen Seiten,
ohne zu bremsen und zu klingeln,
sie sind geübt im Ausweichen,
sie nehmen Rücksicht
auf desorientierte Touristen.

Der Marktplatz breitet sich vor uns aus
in voller Pracht und Weite,
Touristenläden rechts,
Touristenrestaurants links,
am Ende vor uns der hohe schlanke Turm
aus einer Zeit, in der es keine Höhe gab,
mit ausgesetzten Glockenspielen.

Hinter uns das Rathaus, massive Anmut,
von Jahrhunderten ausgeatmet,
es mutet an wie ein vertracktes Raumschiff
kurz vor dem Abheben,
so verspielt und eng getacktet,
trotzig ernste Erker und Fensterstürze,

bereit, Menschen zu beeindrucken,
die sich kaum dem Mittelalter entrungen hatten,
stolz auf ihren unverhofften Reichtum,
unverhohlen zur Schau gestellt.

Im Kellergeschoss hängen alle Bilder
dieses einen Malers der Stadt, alles Repliken,
ein überschaubares Lebenswerk,
überschaubar ohne Scham,
die Originale kann sich der Herkunftsort nicht leisten,
sie sind in alle Welt zerstreut,
ein kleiner Rundgang nur,
präzise Erklärungen in den Kopfhörern,
eine junge Frau ruht sich über der Tischfläche aus
in prachtvollem Kleid aus Rotockerstoff,
den Kopf in die Hand gestützt,
den Blick gesenkt
oder geschlossene Augen schon.

Die Zeit umstreicht sie wie eine Katze,
nahe Vergangenheit und Zukunft,
sie lässt sich in sie versinken,
ein Augenblick der Schwere,
nur um bald darauf wieder aufzutauchen
mit der Kraft der Jugend,
in der sich alle Last auflöst,
den Maler interessiert nur

diese kurze Rast der Selbstbesinnung,
Eintauchen in sich selbst,
jede Aufgabe kann gemeistert werden,
so viel Kontrolle
aus einem starken Körper heraus.

Musik ein Tastenspiel im Kasten im Stehen,
die Hände eingetaucht und verborgen,
versteckte Töne,
die sich im Raum ausbreiten,
begleitet von eigenem Lauschen,
nur von Frauenhänden erschaffbar,
begleitet von eigenen Blicken,
die herausfordern und verbergen,
in sich gekehrt,
Verbindung suchen
und trotzdem verschlossen bleiben,
die versteckte Provokation,
die sich niemals ausliefert.

Diese blau verzierten Tassen
wurden beklebt statt bemalt
in China,
ihre Schwünge sind original
und fordern auf mitzufliegen,
dem Pfau zu folgen,
der sich umschaut,

er breitet die Flügel aus,
um abzuheben.

Wir kehren in die Gegenwart zurück
zu unserer Gracht
und den Fischgrätmustern,
der freundliche Franzose im Asian-Food-Imbiss
fühlt sich fremd hier,
das Essen ist ungenießbar,
für Touristen bestimmt,
gegenüber brütet das Blesshuhn
über der unberührten Wasserfläche,
die ihre Dunkelheiten aus der Tiefe verströmt,
der Bogen der Grachtenbrücke erhebt sich darüber,
während Touristenboote passieren.

Das Nest, aus Plastikresten gebaut,
thront auf einem Styroporfloß,
es könnte einem Boschgemälde entstammen,
das Junge der vorigen Brut schwimmt nebenher
und schaut zum Brutplatz der Mutter empor,
es hat seinen Flaum noch nicht abgeworfen
und sucht Schutz und will umsorgen,
im schwarzen Augenglanz seiner Vorfahren
spiegelte sich vielleicht das Schauen des Malers
oder die Frau im Rotockerkleid.

Meister des Windes

Kiefernstämme winden sich knorrig
über Dünenboden,
unsere Schritte sinken in tiefen Sand,
eine Reiterin überholt uns
auf der anderen Seite des Holzgeländers
aus wuchtigen Rundhölzern.

Die Fläche des Strandpanoramas
breitet sich keusch vor uns aus,
senkrechte Linien verschieben sich unmerklich
am Meeressaum, aufrechte Schatten,
zu winzig um aufzufallen,
sie verlieren sich in der Ferne.

Der Südwind streicht
über das Fell des Strandgrases,
Wolkenschatten fliegen vorüber,
blaugrau und durchscheinend,
und verdichten sich in ihrer Zerzaustheit,
wir lagern uns
und drücken unsere Fersen und Waden
in den weichen Sand,

aus dem die Feuchtigkeit der Regennacht,
von der Sonne erwärmt, verfliegt,

Wir lagern uns an der Grenze
zwischen Strand und Dünen,
bekränzt vom Wippen der Gräser im Wind,
widerborstige Halme,
übermalt vom Hellblau des Himmels,
der Strandsaum hebt uns über die Meeresfläche,
deren Ausschwingen die Schaumkronen umtanzen.

Die Wolken eilen nach Norden
und gegen ihre Gewalt
durchziehen schlanke Körper
den Luftraum über uns,
stromlinienförmig,
weiß, gesäumt von schwarzen Linien,
sie fliegen nach Süden,
immer nach Süden,
und der Norden will nicht versiegen.

Sie fliegen nicht,
sie ruhen auf dem Windstrom
und lassen sich von ihm treiben
gegen seine Kraft,
sie schauen wie unbeteiligt zur Seite,
rechts die Strandfläche,

links die Dünenhebungen,
über denen die Grashalme wogen.

Sie tauchen unmittelbar vor uns auf
hinter der nächsten Düne
und gleiten über unsere Mulde hinweg,
wir könnten die Hand nach ihnen ausstrecken,
sie folgen nur einer Richtung,
durch die Luft getragen
über den Rändern des Strandes.

Sie liegen auf dem Windstrom,
kein Flügelschlag,
der sie voranbringen müsste,
sie gleichen alle Unebenheiten aus,
der Wind findet in ihnen seine Ruhe
und sehnt sich in sie hinein.

Sie verschieben sich gegeneinander
und lieben die Formation,
die ständige Suche
nach dem Ideal
von Diagonale und Geraden,
Abstand und Nähe,
der Entfernung über dem Sand,
jede ihrer Konstellationen berückt,
keine Sternenschöpfung

aus den Tiefen des Weltalls
kann sich mit diesem Reigen vergleichen
und ist doch eins,
Geometrie und Harmonie,
aufgeführt auf der Tanzfläche des Windes.

So unüberwindbar

Die Stranddohle sitzt auf der Kante,
gemauert aus Ziegelsteinen,
eine waagerechte Fläche und eine senkrechte,
die unten auf die Wasserfläche trifft,
der Film des Wassers,
der die Tiefe überspannt,
und die Spiegelungen des Himmelslichts darin.

Die Dohle kennt das Wasser,
es ist nicht ihr Element,
sie bewegt sich lieber in der freien Luft,
die sich über ihr ausbreitet,
und zwischen den Bistrostühlen,
die sich über dem Rot des Bodens verteilen,
sie umkreist die Rundtische,
an denen die Menschen mampfen,
Fisch und Chips, Burger und Sushiröllchen.

Sie ist dem nahe, ganz nahe,
sie hat gelernt,
sie kann noch näher kommen,
die Menschen tun ihr nichts,
bis auf eine Armlänge etwa,

und sie kommt näher,
bis auf eine Armlänge etwa,
ein Abstand, so nahe
und doch unüberwindbar.

Ich sehe in die Augen der Dohle,
der Schnabel pechschwarz
und an seinen Rändern verblichen,
struppige Federn,
sichelförmige Krallen,
die Füße überzogen mit Schuppen,
Kopfzeichnungen von Anthrazit
und der tiefschwarzen Haube.

Die Dohle mustert mich genau,
sie liest meine Bewegungen,
meinen Gesichtsausdruck
und legt den Kopf schief,
sie wundert sich,
selbst studiert zu werden,
sie, die gelernt hat,
Menschen zu studieren und Möwen,
sie wird sich nicht unterwerfen.

Sie studiert meine Bewegungen,
ich bin wie alle,
ich werde ihr nichts geben,

keinen Krümel,
es ist nicht Kleinlichkeit,
es ist Prinzip,
sie kennt das.

Die Möwen beherrschen die Wasserfläche
und den Luftraum,
manchmal stoßen sie herab
und versetzen die Essenden in pure Aufregung,
sie haben ihre Scheu überwunden,
auf die Teller herabzustoßen,
auf denen das Essen aufgehäuft liegt,
vielleicht kann die Dohle davon profitieren,
vielleicht fällt im Aufruhr etwas zu Boden
und sie kann es erhaschen,
wenn sie nicht von einer Taube verscheucht wird
oder einem Menschentritt,
sie wird noch ein wenig warten.

Sie sitzt auf der Kante aus Ziegelsteinen gemauert
und mustert mich von schräg unten,
obwohl ich kein Sandwich in der Hand habe,
das hochgewachsene Mädchen springt vorbei,
hektische Schritte,
bleich und blond,
dürres Knochengestell,
die Dohle duckt sich,

um abzuspringen zum Flug,
sie lässt sich davongleiten
dicht über der Wasserfläche,
ein Zeitvertreib,
später wird sie sich die Brösel holen,
den Salat und die Fleischfasern,
es wird genügend übrig bleiben.

Posh

Salvatores Haare fliegen in die Höhe,
lila durchsetzt,
ich habe mich immer gefragt,
warum er die Augen aufreißt
und die Bartspitzen zwirbelt,
deshalb vielleicht,
das Gelb steht ihm gut,
doch die verschmierten Buchstaben,
eigentlich nur Tintenkleckse,
hätten ihm bestimmt nicht gefallen,
auch noch mit weißer Tinte.

Alain knöpft sich das Jackett zu,
seine Wangen könnten mich
auch heute noch verzaubern,
der missbilligende Mund,
zu viel Zweifel in den Augen,
das kann nur gespielt sein,
Claudia hat sich hinter ihm verschanzt,
eine Flüchtlingsfrau ohne Ziel,
sie wird bei ihm keine Zuflucht finden,
das perfekte Paar.

Ich will nicht von Brigittes Schmollmund reden
und Micky passt auch nicht zu ihr,
alles stimmt nicht an dieser Geste,
ich möchte bedeckte Schultern,
der Schlapphut steht ihr nicht,
schwarz und mit hochgezogener Krempe,
ich möchte ihr ihre Würde zurückgeben,
ein dringender Appell,
in dem Schatten unter ihrer Haut
finde ich sie wieder,
Kult hin, Kult her.

Gina wirft Blicke zur Seite
wie mit Steinschleudern,
ich werde sie auffangen
und zurückschmeißen
unter den wilden Afro-Look,
ich liebe gesprenkelte Halstücher aus Seide
und Jacketts an Frauen,
so wie sie kann keine den Kopf neigen,
ich werde ihr folgen,
dies Lächeln braucht keinen Zweifel
und keine Aufforderung.

Jack haucht Rauchringe durch Metallrechtecke,
das verstrubbelte Haar lässt die Kringel gefrieren,
als ob es sie zurückholen wollte,

das Stromlinienförmige kommt von den Ohren
und den Sprenkeln auf der Jacke,
er braucht sich nicht zu konzentrieren,
der Ring wird auch so seinen Weg finden.

David konzentriert sich
auf den Lack seiner Lider,
sein Mund versenkt sich
in sich selbst hinein,
nie waren Lippen bereiter,
wenn ich wüsste wozu,
vielleicht kann mir der goldene Farn
einen Hinweis geben
oder die Spitzen der Pinselstriche,
die das Gesicht überqueren,
so fein,
dass sie nicht auffallen,
ist das nun Rotbraun
oder schon Kupfer,
ich halte mich an den dichten Wimpern fest.

Ich mag James' Umhang,
Umhang oder schon Mähne,
ich glaube, sie fürchtet
den pinkfarbenen Waschhandschuh,
da hilft auch der Cowboyhut nichts,
er wirft sowieso keine Schatten,

das Licht strahlt von unten,
Lichtschleier seines Glanzes,
die Leidenschaft ist nur gespielt,
in den Sechzigern war jede Attitüde gespielt,
wir hatten uns daran gewöhnt,
selbst an das gefächerte Grün
der Palmwedel.

Inspirationen

Die Staffelei auf dem Sand,
ein kleiner Sonnenschirm darüber gespannt
und das Meer zieht sich zurück,
dabei verfolgt es jeden Pinselstrich
und jede Linie, mit dem Spatel gezogen,
der Blick der Malerin schweift in die Ferne,
die Palette blau in Weiß getränkt,
gelb in Weiß getränkt
und Rot in Weiß getränkt,
eigentlich rosa,
auch rosa kann so arg ins Weiß getränkt werden,
wenn es sich mit dem Hellbraun des Sands
und dem Licht der Sonne
zwischen Schleierwolken hindurch vollsaugt.

Nicht weit entfernt steht
die aufrechte Bildspinne des Malers,
eine Staffelei kann man sie nicht nennen,
auf den ersten Erhebungen des Strandes,
ihre Beine staksen im Sand umher
und scheinen kaum fähig,
nur irgendwas zu halten,
schon gar nicht eine Leinwand,

auf ihr verteilen sich breite Farbflächen,
rechteckig und abgerundet,
bereit, jede Spielerei aufzunehmen
und Verfeinerung,
zwei angedeutete Liegestühle,
darauf verteilte Badegäste
und die Räder von Sonnenhüten,
die die Waagerechten des Strandes zerschneiden,
wie auch die des Meeres und des Himmels,
albern in ihrer Farbigkeit
und der Mittagshitze.

Im weißen Zelt nicht weit entfernt
werden die fertigen Werke ausgestellt,
die sich spontan erschaffen haben,
ihre Motive purzeln durcheinander
und überraschen gekonnt,
Schattenflächen plantschender Kinder
im Abendlicht
und Helligkeiten von Grau und Grün
zwischen verbrauchte Distelkugeln gesponnen,
der Möwenschwarm steigt auf
in gezackten Linien,
und erreicht die Wolkenränder,
selbst vom Wind zerfetzt,
selbst aufgeblähte Wolke,
aus der krächzende Schreie kreischen.

Liegestühle, Sonnenschirme und Container
umstellen die Strandbars,
schroff aufragende Eisenwände
mit eingekerbten Knicken spenden Schatten,
in die sich eine Malerin geflüchtet hat,
wir nähern uns,
„es müssen französische Bagger sein", sagt sie,
zwei blaue Stahlmonster,
abgestellt hinter den Rückwänden der Bars
vor sich aufschwingenden Dünen,
„sie stehen da und neigen sich einander zu,
ganz wenig",
der kleine Pappkarton,
vor die Staffelei geklemmt,
ist aufgeteilt in ungleiche Flächen
von hellem und dunklem Grau,
sonst nichts,
sie ist noch beim Hintergrund,
es mag der Karton sein,
wenn noch keine Ausstrahlung darin steckt,
zwei Bagger im Sand,
abgestellt,
um sich einander zuzuneigen.

Container sind beliebt,
wenn sie Schatten spenden,

in jede Nische hat sich eine Malerin gestellt
auf sandiger Höhe über der Meeresfläche,
das Bild auf der Staffelei vor uns ein Waldpfad,
dicht gesäumt von schlanken Stämmen,
„ich versuche nur, das Bild zu bewegen,
alle Linien sollen sich in diesen einen Punkt
hineinbewegen.

Ein wenig Schatten hier,
eine Aufhellung dort
und das Tiefblau des offenen Himmels,
an den Rändern diesig,
Türkis würde passen“,
sie mischt den Farbton
und tupft ihn zwischen die schlanken Stämme,
das Bild wird leben,
das Leben wird aus ihm sprudeln,
inspiriert von den schlummernden Flächen,
die uns hier umgeben,
von Himmel, Sand und Meer.